RÈGLEMENT

DE

L'ASSOCIATION FRATERNELLE

des

TRAVAILLEURS RÉUNIS,

Fondée le 15 Novembre 1845.

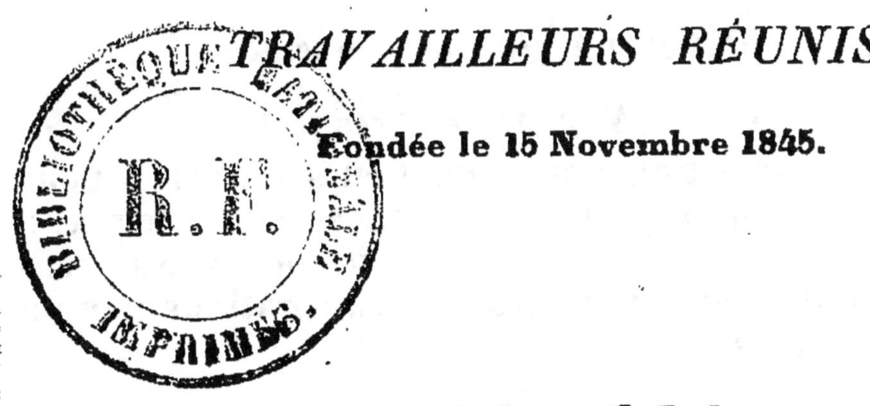

La Croix-Rousse,

IMPRIMERIE DE THÉODORE LÉPAGNEZ,

Petite rue de Cuire, n. 2.

1848.

RÈGLEMENT

DE

L'ASSOCIATION FRATERNELLE.

CHAPITRE PREMIER.

But et spécialité de l'Association.

ARTICLE PREMIER.

L'Association des Travailleurs réunis, a pour but de faire répartir les bénéfices par égale partie à tous les membres de l'Association. Elle se propose de plus la fraternité et la pratique morale des vertus.

ART. 2.

En consacrant l'égalité des bénéfices répartis aux salaires des Travailleurs, la Société n'entend pas aussi l'égalité des salaires : il est entendu que la liberté individuelle étant la base de toutes les facultés que nous tenons de la nature gouvernée par la raison, les salaires seront payés selon le talent et les facultés de chacun.

ART. 3.

L'association s'occupera spécialement de commerce, d'industries diverses et de toutes les questions relatives au travail, afin que dorénavant l'exploitation de l'homme par l'homme n'existe plus.

ART. 4.

Tout citoyen, n'importe l'état qu la profession,

peut devenir membre de l'Association, pourvu qu'il jouisse de ses droits civiques, et qu'il soit Travailleur.

Art. 5.

Le principe de l'Association des Travailleurs réunis, est l'abolition de l'exploitaton de l'homme par l'homme, le bénéfice réparti par égales parties entre tous les Travailleurs membres de l'Association, et enfin, l'application de la production au producteur.

Ce principe est consacré et devient inattaquable de quelle manière que ce soit.

CHAPITRE II.

Composition du Bureau et charges à remplir par chacun de ses membres.

Art. 6.

Le bureau de l'Association est composé ainsi qu'il suit :

1° Un Président, deux Vices-Présidents.
2° Un Secrétaire, deux Adjoints au Secrétaire.
3° Un Trésorier.
4° Un Archiviste garde des sceaux et timbre.

Art. 7.

Le Président a droit de convoquer tous les membres de l'Association, il en préside toutes les séances ordinaires et extraordinaires. Au Président appartient le droit d'ouvrir et de clore les travaux de chaque séance, de mettre les propositions aux voix, et de proclamer le résultat de toutes les délibérations prises par l'Association.

Art. 8.

Le Président a droit d'imposer le silence à un membre qui troublerait la séance par paroles ou de quelqu'autre manière; il doit accorder la parole à tout membre qui la réclamerait; il doit aussi la retirer à celui qui s'écarterait de l'ordre.

Art. 9.

En cas d'absence du Président, le 1er Vice-Président, et à son défaut, le 2me, prendront successivement la direction de l'assemblée.

Art. 10.

Au Secrétaire appartient la charge de toutes les écritures et de la correspondance, néanmoins sous la surveillance du bureau.

Art. 11.

Le Secrétaire est encore chargé d'esquisser un procès-verbal de chaque séance, puis de le mettre au net sur un registre à cet usage, le procès-verbal de chaque séance sera signé par le Président de la séance, le Secrétaire, et de plus timbré et scellé.

Art. 12.

Le Secrétaire sera aidé dans ses travaux par les deux Adjoints, lesquels au besoin, le remplaceront dans ses fonctions.

Art. 13.

Le Trésorier perçoit les recettes de chaque mois et en donne reçu sur le Livret que chaque membre de l'Association possède de droit; il doit encore porter en compte sur un livre, dit livre de caisse, toutes les sommes qu'il reçoit de même que celles qu'il paie.

Art. 14.

Le Trésorier ne doit payer aucune somme sans en garder reçu ou quittance, afin qu'au besoin il puisse justifier de l'emploi de ses fonds.

Art. 15.

Le Trésorier doit présenter tous les mois l'état de la caisse, donner compte de ce qu'il aura reçu de même pour ce qu'il aura payé pendant le courant du mois. Il le fera encore toutes les fois qu'il en sera requis.

Art. 16.

Le Garde des sceaux et timbres est spécialement chargé de timbrer toutes les pièces relatives à l'Association et qui auront rapport au Trésorier pour les bons à payer, soit au Secrétaire pour les correspondances et pour tous autres papiers divers, toutes les fois qu'il en sera requis.

Art. 17.

Le garde des sceaux et timbres, est encore chargé de tous les papiers, livres et autres objets écrits ou imprimés, dépendant de l'Association, et de veiller à leur sûreté ainsi qu'à leur conservation.

Art. 18.

Le bureau réuni en conseil peut commander une assemblée extraordinaire toutes les fois que le cas en sera urgent et légitime.

Art. 19.

De même tout membre de l'Association a le droit de faire commander une assemblée, lorsque la raison en sera légitime, par le bureau, auquel il devra s'adresser pour cet effet.

<h3 style="text-align:center">Art. 20.</h3>

Dans le cas où le Trésorier serait absent d'une séance, le Président de ladite séance est autorisé à le remplacer pour lui rendre ses comptes, comme de droit, dans la séance suivante.

CHAPITRE III.

Admissions et conditions d'admission à l'Association.

<h3 style="text-align:center">Art. 21.</h3>

Suivant l'art. 4, tout citoyen pouvant devenir sociétaire, il doit être présenté par un membre faisant partie de l'Association, lequel devra donner ses nom et prénoms, âge, profession, lieu de naissance et demeure actuelle du candidat, de la moralité duquel il répond.

<h3 style="text-align:center">Art. 22.</h3>

Aussitôt l'admission du candidat agréé par l'assemblée, le présentateur est spécialement chargé de lui faire connaître les charges qu'il aura à remplir envers l'Association, et les devoirs qui lui sont imposés par le présent Règlement.

<h3 style="text-align:center">Art. 23.</h3>

Tout sociétaire admis devra verser en entrant, entre les mains du Trésorier, le montant de sa première cotisation, et de plus la somme de *trente centimes*, pour le coût du Livret qui lui sera remis à son entrée, et sur lequel le Trésorier inscrira toutes les sommes qui seront versées, de même que celles qui seront retirées de l'Association , soit pour bénéfices ou autrement.

ART. 24.

La somme de *trente centimes* payée par chaque membre, pour coût du Livret , ne sera pas remboursée, le Livret appartient, et tout en entier, à chaque sociétaire.

ART. 25.

Le montant des actions ou cotisations est de DIX-HUIT FRANCS par an , réparties en douzièmes de UN FRANC CINQUANTE CENTIMES , versés en espèces en les mains du trésorier , à la première assemblée de chaque mois.

CHAPITRE IV.

Démission , renvoi et droits de chaque démissionnaire ou renvoyé.

ART. 26.

S'il arrivait à un membre de l'Association d'en être mécontent , ou si le membre n'avait pas la ferme conviction du bien que notre union peut produire, il aurait la faculté pleine et entière de s'en retirer en donnant sa démission par écrit et signée de sa main.

ART. 27.

La démission devra être remise au Président qui en donnera lecture en assemblée , laquelle statuera suivant le cas et les raisons que donnera le démissionnaire.

Art. 28.

Néanmoins, il est bien entendu qu'après une démission donnée, le membre sortant ne sera entièrement libéré qu'un mois après sa demande, sauf des cas majeurs sur lesquels l'assemblée aura à statuer.

Art. 29.

Le membre quittant l'Association a droit au remboursement intégral de toutes ses actions, c'est-à-dire, à la remise pleine et entière de toutes les sommes versées par lui en espèces à l'Association, d'après le compte porté sur son Livret particulier.

Art. 30.

Le membre démissionnaire n'a aucun droit sur les bénéfices perçus ou à percevoir par lui dans l'Association.

Art. 31.

En conséquence de l'art. 30, ci-dessus précité, les bénéfices perçus par un membre sortant pendant tout le temps qu'il aura fait partie de l'Association, seront remboursés par lui ou retenus sur le montant de ses actions, lesquelles, suivant l'art. 29, doivent être remboursées.

Art. 32.

Le remboursement des bénéfices perçus opérés par un membre sortant, seront, sur le champ, versés dans la caisse générale de l'Association.

Art. 33.

Un membre sorti volontairement de l'Association pourra y rentrer, mais à la condition expresse, par lui, de rapporter à la caisse de l'Association tous les fonds qui lui auront été remis à sa sortie, plus ses cotisations arriérées.

Art. 34.

Il est compris, par arriéré de cotisation, celles que reste à devoir un membre, jusqu'au moment où ce membre donne sa démission de membre de l'Association.

Art. 35.

Tout membre de l'Association qui sera arriéré de trois mois, pour le versement de ses cotisations, sera mis hors de l'Association.

Art. 36.

Le membre arriéré sera prévenu par écrit; néanmoins, il ne pourra être rayé des tableaux de l'Association, qu'après avoir été entendu dans ses moyens de défense, sur lesquels l'assemblée statuera avec toute justice.

Art. 37.

En cas de renvoi d'un membre, ses fonds lui seront remboursés de la même manière que pour le démissionnaire, conformément aux art. 29, 30, 31 et 32.

Art. 38.

En cas de décès d'un membre de l'Association, toutes les actions qu'il aura dans l'Association, suivant son Livret, seront remboursées à sa veuve ou à ses héritiers directs, selon les lois et le testament du décédé, sans que l'Association ait le droit de retenir les bénéfices qu'il aura perçus pendant sa participation à notre organisation de travail.

Cependant, en cas d'absence d'héritiers directs, l'Association suivra, en tous points, la volonté du décédé.

CHAPITRE V.

Administration commerciale et industrielle.

Art. 39.

Lorsque l'Association possèdera des espèces suffisantes pour entreprendre, soit des travaux, soit une affaire commerciale, une commission sera nommée à cet effet par l'Association en assemblée générale.

Art. 40.

La commission se composera toujours de cinq membres le moins, elle devra s'enquérir de tous les renseignements nécessaires au genre d'exploitation qui lui sera confié, et devra faire le rapport de ses travaux toutes les premières assemblées de chaque mois.

Art. 41.

Néanmoins, toutes les fois qu'une commission exécutive sera requise de faire un rapport sur des travaux, ou autres affaires confiées à ses soins, elle devra le faire sur le champ, ou du moins, dans le plus bref délai.

Art. 42.

Sur la demande de la commission, les fonds nécessaires à ses opérations lui seront délivrés après que cette demande aura été discutée et accordée par l'assemblée.

Art. 43.

La commission exécutive donnera quittance au Trésorier des sommes que celui-ci lui remettra, lequel ne paiera que sur bon du bureau de l'Association générale.

Art. 44.

Le bon remis par le bureau à la commission exécutive, devra être signé par le Président, le Secrétaire, et timbré par le Garde des sceaux et timbres.

Art. 45.

Toute espèce de bons qui ne seront pas conformes aux dispositions générales de l'art. 44, ci-dessus précité, seront regardés comme de nulle valeur.

Art. 46.

Considérant que le but principal de l'Association est de faire participer fraternellement tous ses membres aux résultats des bénéfices que notre union peut produire;

En conséquence, tout membre, n'importe lequel, appartenant à l'Association soit d'ancienne, soit de nouvelle date, a droit à la répartition égale des bénéfices faits par l'Association.

Art. 47.

De même, tout membre sociétaire a droit au travail entrepris par l'Association.

Art. 48.

Les répartitions des bénéfices faits par l'Association, se feront tous les trois mois par égales parties, à tous les membres de l'Association sans aucune distinction, n'importe l'admission plus ou moins rapprochée ou éloignée de tel ou tel membre dernier admis à l'Association.

Art. 49.

Lorsque l'Association entreprendra quelques travaux, il est expressément défendu à la commission chargée de ce travail, d'occuper ou d'employer un citoyen quelconque qui ne serait pas membre de l'Association, d'après l'art. 1, qui veut que le bénéfice soit réparti au salaire.

Art. 50.

Si néanmoins les travaux entrepris demandaient plus d'ouvriers de telle ou telle corporation que l'Association n'en pourrait fournir, la commission est autorisée à en prendre en dehors de l'Association, après toutefois qu'elle en aura fait la demande à l'assemblée.

Art. 51.

L'Association considérant que la bonne confection du travail, et la franchise dans toutes opérations, sont et seront toujours le but et le principal intérêt de l'Association, et de plus la base morale du progrès,

Arrête :

1° Qu'un membre exécutant pour le compte de l'Association et qui ne remplirait pas son devoir à l'égard du travail, soit par nonchalance ou par intérêt pour lui-même, au préjudice de l'Association, sera suspendu provisoirement.

2° Le membre, ou la commission chargée de

l'exécution, de la direction ou de la surveillance des travaux, devra en faire son rapport à l'Assemblée, laquelle, suivant le cas, jugera s'il y a lieu à une retenue sur le salaire, vu la mauvaise confection reconnue.

ART. 52.

S'il arrivait qu'un membre ayant entrepris du travail pour le compte de l'Association, ne pouvait pas l'exécuter manquant de capacités, il sera, sur le champ, pourvu au remplacement de ce membre sans que l'on puisse, dans aucun cas et sous aucun prétexte, lui en faire une retenue, vu que l'Association lui doit aide et protection.

ART. 53.

Comme il est dit dans l'art. 52 ci-dessus, qu'un membre entrepreneur de quelques travaux et qui ne pourrait pas les exécuter faute de capacités, sera remplacé ; mais il est bien entendu que ce membre aura toujours droit au travail, mais à des travaux selon ses moyens facultatifs et ses capacités.

ART. 54.

S'il arrivait à un membre de l'Association de trouver quelques travaux à exécuter ou une bonne opération commerciale à faire et qui serait avantageuse à l'Association, il voudra bien en prévenir un des membres du bureau, afin que par une assemblée, l'Association agisse selon le cas qui se présenterait.

ART. 55.

Le présent Règlement étant consenti par tous

les membres de l'Association, un seul membre suffira pour faire annuler une délibération toutes les fois qu'elle sera contraire au Règlement susdit.

Art. 56.

Par arrêté spécial, tout membre de l'Association devenu invalide de travail, a toujours droit à la répartition égale des bénéfices de l'Association, quand même ce membre ne pourrait plus suffire à sa cotisation de tous les mois.

Art. 57.

Le Règlement ne sera suscesptible de révision qu'à la majorité des deux tiers des membres de l'Associrtion réunis en assemblée générale, mais en consacrant toujours le principe établi par l'art. 5.

Art. 58.

Il sera de même pour toutes espèces de changement d'article ou annulation en plein ou entier.

Art. 59.

Un décret pris à la majorité par l'Association, en assemblée générale, sera transcrit à la suite du présent Règlement, et signé par les membres du bureau toutes les fois que besoin sera.

Arrêté du 8 Juillet 1848.

L'Association réunie en assemblée générale, arrête : que tout membre manquant à la séance obligatoire de chaque mois, sera obligé de se conformer en tous points, à ce qui sera fait et arrêté par les membres présents à la réunion.

Vu et révisé en assemblée générale, le 9 juillet 1848.

Le *Secrétaire*,
J.-L. VINCENT.

Le *Président*,
MIARD.

Le *Trésorier*,
DÉMURGET.

Le *Garde du Timbre*,
RESSORT.